올해도 삶 속에서 피어나는
꿈과 사랑을 나누고 싶었습니다.
즐거운 성탄과 새해가 되길
소망합니다.

드림

편도 여행

발견시선 045

편도 여행
황성주

시인의 말

기도를 마치고
자작나무 사이를 지나가는
해맑은 시간이다.
모든 게 감사하다.

2023년 12월
황성주

차례

5 시인의 말

1부 / 삶이 구겨진 사람들이 생각났다

12 구겨진 인생들
14 바람과 사슴
16 바람의 바다
18 저녁 하늘
20 별빛 소묘
21 야생화 길
23 축포
25 막내 이모
28 미션 시티

2부 / 한 아가씨가 인생의 길을 묻고 있다

32 구름
33 버지니아의 숲
35 번화가 골목길
37 인물 공원
40 오솔길
42 봄꽃
44 튤립과 봄눈
46 잠꾸러기
48 흐린 날 소묘

3부 / 편도 여행이 막 시작되고

52 큰 사랑
54 시간 여행
56 혹시
58 편도 여행
61 우레이 소묘
64 페어 플레이
66 별 밤
69 눈길
72 하늘길

4부 / 자유인으로 나그네로 살아가는

76 그날
79 함박눈
83 별빛 소묘
85 희구
87 광야
89 하늘의 정원
91 길내는 자

1부

삶이 구겨진 사람들이 생각났다

구겨진 인생들

낮달을 보는데 낮달이 나를 향해 오는 것 같은
유난히 하늘이 고운 날

구겨진 바지를
물끄러미 쳐다보다
삶이 구겨진 사람들이 생각났다

본래부터 맑지도 밝지도 않고
푸르지도 않은
무언가 비정상인

인생의 원형은 구겨진 것
삶은 본래 깨어진 것

어머니의 다림질처럼
누가 펴 주어야 반듯해 진다

푹 익은 사랑만이
온전히 품을 수 있고
원형을 회복시킨다

사명의 불이 붙고
하늘꿈이 선명해진다

십자가의 무게가
무게로 느껴지지 않은
유난히 밝은 날이다

바람과 사슴

왕을 짝사랑하다 지쳤을까
젖은 눈망울의 온도가 느껴진다

그는 항상 오전 10쯤 나타나
한숨 자고 간다

에로스냐 필리아냐
사슴의 세계에도
고뇌가 있나 보다

킹스 디어 마을에서
제일 높은
대초원이 내려다 보이는
바람의 언덕에
바람처럼 나타나
꿈결처럼 사라진다

목이 길어 고결한
눈이 맑아 청순한
뿔이 길어 우아한

세월의 무게
사랑의 숨결
꿈의 깊이가 돋보이는

사슴의 보금자리가
이 집 안마당이다

바람의 바다

콜로라도 푸른 하늘 아래
메도우 트레일 코스의 한 복판에서
바다를 만났다

흘린 땀 알알이 맺힌
진피 세포 속 깊은 곳까지
바람의 파도가 솟구쳐 오른다

새로운 계절에
새로운 족속 가슴속
바람의 바다가 밀려온다

일곱 어른들이
한 아이를 축복하며
사랑의 닻을 하늘까지 매달았다

딱 한 사람

꿈의 순례자가

독수리처럼 하늘을 가르며

푸른 격랑을 헤쳐나간다

저녁 하늘

하늘의 축포가 터지고
가늠할 수 없는 경이로운 세계가 열린다

하나님이 찾아오시는
영광의 임재가 사방을 덮는다

하늘의 가느다란 구름 틈으로
영광의 광채가 비치고
심장을 쿵쿵거리게 하는 핑크빛 향이
부드러이 피어난다

나팔 소리가 배고픈 우주를 채우며
우뢰와 번개, 빛과 그림자가 번뜩인다

춤추는 천사 날개의 구름을 보라
꿈결에 불어오는 바람 수레를 타고
검보라빛 빗줄기로 씻겨진

생명체 하나 하나를
광대한 우주의 사랑으로 끝내 품는다

뭇 백성이 우뢰와 번개와 나팔소리와 산의 연기를 본지라
(출애굽기 20:18)

별빛 소묘

초원의 바람에도 별들이
구름처럼 널려 있다

긴 여름밤을 수놓은 별빛 잔치
내 마음에도 임의 얼굴이 빛난다

야생화길 따라
별들이 순례중이다

콜로라도 브레튼
푸른 언덕을 수놓는 까마득한 시간의
꿈결같은 예쁜 마을들

마당 삼아 뛰노는
왕의 사슴들도
별들의 먹이감이 된다

야생화 길

길을 걷는다
갓 피어난 듯 여기 저기
꿈들과 이야기들이 펼쳐진다

작은 꿈 모여 뭉게뭉게 피어나는 꿈 되고
크게 핀 찬란한 꿈
홀로 핀 고결한 꿈
너무 작아 존귀한 꿈
연속으로 이어지는 꿈의 징검다리는
영혼의 정원을 논다

흰 백합으로
노랑 아이리스로
빨강 컬럼바인으로
분홍 페인트 블러쉬로

대평원을 사랑으로 물들이며

꿈은 계속 피어난다
아이들이 뛰어간다

축포

독립 기념일에
플라잉 호스 마을에
온종일 환희의 축포가 터진다

내면화된 불화산이 솟구치고
블루 벨이 울리고
사랑의 연쇄반응이 일어난다

제니와 미셸
듀크와 어셔가 손잡고
불꽃에 맞춰 껑충껑충 춤을 춘다

꿈이 회복된 제니
사명이 열린 미셸
품격이 높아진 듀크
영혼이 소생한 어셔

모두가 막 자다 깬 듯 놀라는 소녀가 되고
소년이 된 행복한 날

은혜의 날개로
그림자가 짙게 깔린 밤
농익은 꿈이 토끼처럼 달려가고

아, 보랏빛 사랑이 열린다
오늘도 내일도
천국 연습이다

막내 이모

환한 미소 머금고
홀연히 가셨다

어린 시절
업어주고 안아주시던
가느다란 등에 넓은 품
항상 마음을 봄바람으로
쓰다듬어 주시던
따뜻한 손

오지게
푸짐한 정감을
씨앗처럼 마음에 심고 가셨다

엄마의 친구이자
소꿉친구 같은 자매로
명주실 같은 오랜 세월

동행했던 그림자 인생

넷이서 하나였던 용감한 자매들

덕분에
먼저 가신 세 분의 빛나는 얼굴을 떠올리며
정금 같은 생의 의미를 곱씹어 본다

소리없이
아무도 모르게
이모부가 기다리는 천국으로
서둘러 떠나신 막내 이모를 부르며
아직도 살아있는 사랑에 젖어 본다

이모 고마웠습니다
맑고 고운 품성으로 일관한
길고 긴 사랑에 감사합니다

주님
절대 감사로, 절대 기쁨으로
이모님을 올려드립니다.

미션 시티

상그레 데 크리스토
그리스도의 보혈 산맥에
뽀족한 몽당연필 끝을
눈으로 덮어버린 만년설

하얀 은빛 왕관이 처음 등장하던
태초의 우주가 보인다

이 눈에 붉은 저녁놀이 비치니
찬란한 보혈의 영감이 터져나왔던
오백 년 전 스페인 정복자의 외침
상그레 데 크리스토
상그레 대 크리스토

지금도 죄악된 세상을 덮고 있다
이 은혜를 경험한 작은 산들이 펼쳐지고 눈물을 훔치며
달리는 광대한 들판은 오늘도 푸르름으로 두 팔을 벌

린다

  우주를 사랑으로 품는
  꿈이 차례로 흘러들고, 이 농익은 산실, 하늘에는 구름 쇼가 펼쳐지고

  록키 산맥의 끝머리에 걸린
  웨트 마운틴 계곡이
  끝없이 이어지고 있다

  아 하늘의 소명이로다

2부

한 아가씨가 인생의 길을 묻고 있다

구름

하루 종일 웃는다
청옥빛 하늘 장막에
솜사탕처럼 손에 잡히는 구름이
계속 생겨나며
유대인 신부가 신랑을
일곱 번 돌듯
내 가슴에
맴돌고 있다

환한 그림 같은 미소를 머금고
웃고 있다

뉴브리드 목장에
하고 싶은 이야기만큼 많은 사랑이 피어나고
듣고 싶은 일생의 꿈이 구름으로 떠 있다

버지니아의 숲

사슴이 뛰노는
5월의 그림자 안
라우든 카운티에서
잠시 시간이 멈춘다

버지니아 시절
햄튼 포리스트의 파랑새가
생각나는 아침
토끼 두 마리가
갸우뚱하게 쳐다보니
하루를 여는 찔레꽃이 활짝 피었다

산소 같은 사랑이
현실에 깨어나고
잿빛 터널을 통과하는
고단한 삶의 여정이
아무렇지 않은 듯

내 마음도 피어나기 시작했다

번화가 골목길

오랜만에 총각으로
돌아가 비를 맞고 있다
시카고 다운타운에서

차오르는 꿈에 젖어 사랑에 겨워
하늘 나래를 둥실 둥실 펴고 있다

삶의 애환을
종종 걸음으로 정지시키고
치킨 집 비베큐 집
피자 집 커피 집이
시간을 둘러싸고 있다

하얀색, 노란색, 검은색 피부들이
속살을 맞대고 맘껏 웃으며 시름을 잊을 때

갈 길이 바쁜데

한 아가씨가 인생의 길을 묻고 있다

포도주의 향기가 도심을 진동시킨다

인물 공원

꿈을 놓친 소년이
허름한 호텔 방을 나온다

시카고의 한 공원에서
춥다 못해 외로움에 떨고 있다

그때 막 새로운 세계가 열린다

모두가 오페라의 주인공처럼
움직이는 찬란한 부대가
미시건 호수를 배경으로 펼쳐진다

D장조처럼 장엄한 인물
게르만족의 지적 거장
요한 볼프강 괴테가 서있다

건국의 아버지 알렉산더 해밀턴이

말을 타고 있다

일리노이의 영웅 리차드 오그래스비
장군이 폼을 잡고 앉아 있다

우디의 나비정원이 달처럼 떠있고
페기의 자연사 강의가
모든 인물들을 품고 있다

갑자기 봄의 축제가 열린다
보라빛, 주황빛 꽃들이
해맑은 표정으로 첫 춤을 추고
다람쥐가 바람을 타고 놀며
거위와 오리들이 고백을 하듯 노래를 한다

산란기가 빨라진 새들이
발걸음을 재촉하니

꿈을 재점화시킨 소년에게
불굴의 힘으로 꿈이 연장되고 있다

오솔길

손 흔드는 마음을 따라
작은 사랑의 허락들이 즐겁기만 한
자주빛 청사초롱
사랑의 두레박을 비추고
붉은 카나리아 한 마리가 기쁨으로
달려온다

들길 따라 손을 붙들 듯이
물길을 따라 노래 부르듯이
푸른빛 물방울이 모여
꿈의 물레방아를 돌리고
하얀 공처럼 꿈꾸는 소년은 가고 있다

거친 사랑의 숨결 속
호수 건너 호수
고요를 품은
미네아폴리스 들판을

연두빛 말들이 달리고 있다

봄꽃

새하얀 봉오리가 피니
꽃의 온몸이 열린다

연초록 봄의 향기가 열리고
커튼 열어젖힌 마음이 열리고
함께 가고 싶은 사랑이 열리고
연둣빛 세계가 활짝 열린다

생각의 늪에서
색동 기쁨이 마구 솟아오르고
미래가 파랗게 열렸다

볕이 드는 길 따라
목장길 따라
입이 저절로 벌어지는 철없는 소년이 달리고 있다

노랑 들판 건너

빨강 목조 건물 너머
빛나는 설산이 미소를 머금고 있다

튤립과 봄눈

빨간 색채로
빛나는 튤립이 핀 날

하얀 눈이 온다

5월에 오는 눈은
기품있는 손님

빛을 머금은 채
수려한 자태로
은총의 전언을 가지고
사뿐사뿐 내려 온다

사랑은 꿈길의 동행
사랑은 절대 시간의 공유
꽃샘 차디찬 바람아
이 손님을 오래 머무르게 할

비법을 가르쳐 다오

잠꾸러기

내게
천국이 있다면
푹 한 번 자보는 거다

밤새
꿈 한 번
실컷 꿔보는 거다

며칠이라도
잠꾸러기가
되어 보는 거다

날마다
하늘 고향으로 품으시는
사랑을 맛보는 거다

다정하게

평화스런 눈망울을
맘껏 응시하는 것이다.

쉽게 버려지는
잠꼬대라도
담아 오고 싶은 것이다

흐린 날 소묘

콜로라도 땅에서
흐린 날은 러시아의 봄을 생각한다

어머니의 땅 러시아
볼가강에서 흘러온
모스크바강, 그 자유의 물결이 끊기고
내 마음에도 풍랑이 인다

네바강가의 성페테르부르크에
피터 대제의 꿈이 날개를 접은

시베리아 이르크츠크의
바이칼 호수가 다시 얼고
노보시비르스크,
아카뎀고르독의 과학자들이
손을 놓는다

연해주에도 사할린에도
차디찬 격랑이 인다

레프 톨스토이의 전쟁과 평화가
다시 쓰여지고
보리스가 통곡을 하고
닥터 지바고가 다시
야전병원으로 돌아간다

차이콥스키의 백조들이 날개를 섭고
푸쉬킨이 다시 결투를 한다

3부

편도 여행이 막 시작되고

큰 사랑

나는 따스한 사랑으로
너를 스톨게한다

나는 잔잔한 사랑으로
너를 필레오한다

나는 뜨거운 사랑으로
너를 에로스한다

나는 냉철한 사랑으로
너를 아가페한다

하나님은 사랑이시라

사람이 친구를 위하여
자기 목숨을 버리면
이보다 더 큰 사랑이 없다

모든 사랑은
더 큰 사랑에 함몰된다

그래서 사랑의 종착역은
우정이다

너희가 나의 명하는 대로 행하면 곧 나의 친구라(요15:14)

시간 여행

과거는 현재의 자양분이다
그래서 추억은 없다

언약의 성취는 신뢰의 축적이다
과거가 쌓이는 것이 아니라 절대 믿음이
자라는 것이다

언약은 또 다른 언약을 실제화하고
언약의 미래를 당겨 오늘을 산다

미래를 현재로 살아내고
날마다 순간마다 미래를 새로이
다시 새로이 창조해 가는 것이다

과거도 현재를 위해
미래도 현재를 위해 존재하는 것이다

인생은 영원한 현재를 살아내는 것이다
그래서 기다림은 없다
언약이 있을 뿐

혹시

잠들었을까
깨어 있을까
이제 일어났을까

어디 아플까
얼마나 힘들까
누구에게 상처 받았을까

지금
해가 졌을까
달이 떴을까
별이 빛날까

오늘도
같은 마음일까
같은 생각일까
같은 꿈일까

혹시 오늘이 그 날일까

편도 여행

숨 가쁜 겨울 왕국에
느긋한 여행을 왔다

하루 종일
눈이 오다 지쳐서
잠시 쉬어가는
콜로라도의 산골 텔루라이드

어쩐지 마음이 가는 사람들

빛이 닿는 거리에
빛이 필요한 사람들이
행인의 신분으로
스키를 탄다

형형색색
날렵한 제비들이 모여

흰색 무대를 배경으로
날개를 늘리는 훈련을 하고

발레 연습하듯
홀로 줄 서 있는 자작나무들이
나그네를 위해
벌거벗은 채로 서서
눈 강우량 측정을 한다

쉽게 떠날 수도 없는
다음 행선지도 정할 수 없는
편도 여행이 막 시작되고

장맛비처럼 내리는 눈이
일주일째 곱게 쌓인 눈에
푸른 빛을 선물한다

폭설의 은총인가
그들을 품고 기도하는
여유가 생기고
사랑하는 사람과
머무르는 시간이
한없이 길어지고 있다

진리를 따르는 자들은 빛으로 오나니(요3:21)

우레이 소묘

우레같은 하늘의 음성이
들리는 산간 마을에
새벽까지 싸락눈이 온다

빗발치듯
쏟아져 내리는 은혜
발목까지
푹푹 젖어드는 진리

전일 야화저럼
밤새 들려진
자연에 새긴 말씀이
존재의 얼굴을 비춘다

눈 속에 파묻혀
사랑에 빠진 탓일까
하얀 드레스에 군화를 신은

신부들의 꿈이 펼쳐진다

하객들까지 모두가
열병을 앓듯
전쟁을 준비하는 중이다

총알이 박히듯
콜로라도에 깊숙이 박힌
백설 마을에서
영혼의 총성이 들린다

내 삶도 부활하리라

겨울밤에도 졸졸 흐르는
여울목을 마음으로 건너면
밤새 등불을 끄지 않은
집 한 채의 그리움이

머슴처럼 서 있다

주께서 나의 등불을 켜심이여(시18:28)

페어 플레이

낙엽 쌓이듯
하얀 추억이 새록새록 쌓이는 인생길
그 한복판에 눈물을 받듯
눈 녹인 물을 받아 흐르는 강이 있다

구불구불 꿈길에
줄지어 걷는 오리처럼 바랜 돌들 나타나고
세상에서 가장 긴
감입곡류 하천은 감돌아 간다

세상에서 가장 깊이 숨겨진 새처럼
외톨이들의 세계에
누군가 첫발을 딛는다

드디어
의의 깃발이 펄럭이고
새로운 게임의 법칙이 만들어진다

갑자기 펼쳐진 눈부신 세상
백 년 전 금광을 캐던 마을에
평화의 금맥을 찾는 이방인들이 몰려온다

야생화가 피어날 무렵
핑크빛 저녁 노을과 함께
사랑이 시작되었다

별 밤

한 밤중에
우주의 소식을
나르는
우편배달부

해맑은 아이들이
환한 미소로
별빛을 안고 간다

군청색 비단 화폭에
고운 소금처럼 뿌려진
다이아몬드 빛 가루

시간을 되돌려 주는
아인슈타인의 섬광처럼
번뜩이는 폼이
예사가 아니다

어제 그 별이 아니다

온누리를 다니며
고품격의 사랑을
상한 심령에 쏟다

살리는 빛
치유하는 빛
곱게 비추는 빛
피조물을 세워주는 빛

방금 세수하고 나온
콜로라도의 별
우크라이나 소녀의 눈빛처럼
파타고니아 모레네 빙하처럼
맑다 못해 푸르다

밤이 깊을수록 별이 빛난다

눈길

하늘 섭리가
한겹 한겹 베일을 벗는
날

꽁꽁 얼어있는
마음의 행로를 따라
하늘이
은빛 바람 날개를 돌린다

따뜻한 빛을 타고
소낙비처럼 내리는
눈

온유함으로
세상을 바꾼다

어느덧

우주 시간의 반환점을 돌아
드디어
깨끗한 세상을 꿈꾼다

인간의 모든 기도는
하얀 날개를 단
아우성이 아니겠냐

눈 내리는 겨울밤
콜로라도 가든 어브 갓 앞에 펼쳐진
속 깊은 어둠 속

언덕 위 카페에서
연일 불꽃처럼 터지는 빛에 이끌려
고슴도치 사랑을 품는다

손님 오는 날

꽃보라로 몰아치는 눈
위장된 축복이 내린다

사각사각 밟히는
콜로라도 눈길에서
한 영혼과 눈이 마주친다

미끄러질 뻔한
마음을
하얀 눈꽃의 깊은 눈망울에
담아내며
씨뿌리던 호미손을 호호 불어 댄다

인간의 모든 아우성은
하얀 눈꽃을 인
짝사랑이 아니겠나

하늘길

새해를 품은 어느 겨울날
새 옷 차려입고
나는 사랑길을 걷고 있었다

그런데 내 그림자는 아직
꿈길을 걷는 중이었다

언제였을까 첫눈 내리는 날
흰옷 걸쳐 입고
나는 꿈길을 걷고 있었다

그런데 내 그림자는 아직
사랑길을 걷고 있는 중이었다

나는 이제 사랑길과 꿈길을
동시에 걸어가리라

시간의 정거장에선
과거의 사랑이 현재가 되고
미래의 꿈이 현재가 되리니

은하수가
고운 함박눈처럼
사각사각 쏟아지는 날

내가 가는 외길에
별자리처럼 맑은 하늘빛이 내리니
사랑길도 하늘길이 되고
꿈길도 하늘길이 된다

나는 세상의 빛이라(요8:12)

4부

자유인으로 나그네로 살아가는

그날

폭설은
멈춤 신호
붉다 못해 타오르는
빨간 불이다

상식을 마감하고
자유인으로
나그네로 살아가는
방랑 인생의 출발선이다

해묵은 꿈도
애절한 사랑도
푹푹 쌓이는 날

가슴에 묻어둔
곱디고운 새 신을 신고
새 꿈을 찾아 나선다

신발이 없으면
버선발로도 대문을 박차고 나갔을
기세등등한 날

할머니의 동치미
엄마의 식혜처럼
해묵은 이야기를 청산하는 날이다

체면의 옷을 벗고
숨 고르기를 멈추며
의무감의 수갑을 푸는 날

아예 폭설을 품고
오래된 진실을 밝히며

모든 것을

내려놓는 날이다

함박눈

밤새 내린 함박눈으로
마음 한구석에 숨겨진 거친 설원에도
함박웃음이 꽃핀다

경이로운 은백의 세계에
사랑의 발자취를 새긴다

달 표면에 첫 발자국을 남긴
닐 암스트롱처럼
남극점에 노르웨이의 깃발을 꽂은
로알 아문센처럼

횡성 둔내 언덕을
하얀 캔버스 삼아
하늘꿈이 날개를 달고
은빛 물감을 뿌리며
색동옷 차려입은 아이들을 초대한다

고운 아이들
어진 아이들
맑은 아이들
밝은 아이들

먼 이국을 돌아 닻을 내리고
항구에 정박한 배처럼
꼬옥 숨은 꼬마들아
하늘 나래를 펼치거라

미지의 땅이 오늘도 너희를 부른다
고요한 항구를 떠나기 전엔
낯익은 고향이 낯설기 전에는
아무도 신세계를 발견할 수 없다

거친 폭풍우를 맞받아치는

대역전극을 연출할 수가 없다

꿈같은 설날 아침
첫사랑처럼 주어진
갑작스런 선물

돌아올 길 아주 지우는
하얀 꽃보라가
신비로운 세계를 창조한다

경계가 사라진
구분도 없어진
공평하다 못해 투명한
절대 시간의 옷자락을 만지며
네가 꿈꾸는 세상이 펼쳐진다

쏟아지는 아름다움

아, 폭설이다

마음의 비탈길을 따라
계속 눈이 내린다

한 장의 사진처럼 아직도 내리는 눈이 정겹다

별빛 소묘

달무리가 요란한 밤
파이크 피크와 마주한
우테 고개의 산줄기에서
꿈꾸는 소년이
밤잠을 깨어
자작나무 숲
수려함에 취한 채
마음의 보석상자에
받은 편지처럼 사랑을 주워 담는다

가느스름한 별빛 한 줄기로도
꿈의 자잘한 부스러기에도
마냥 행복한 밤에
하늘 나래가 촘촘히 펼쳐지고
쏟아지는 빛무리 속에 빛나는 소녀가
하늘꿈을 꾸며
우주의 시계를 원위치로

되돌리고 있다

많은 사람을 옳은 데로 돌아오게 하는 자는 영원토록 별과 같이 빛나리라(다 12:3)

희구

오늘도 사슴 가족이 왔을까
아름다운 고뇌 속에
그냥 눈이 떠지는 아침

사슴의 눈이 영혼에 속삭인다

내게 믿음을 배우라고
소망하는 법을 익히라고
사랑은 모두를 품어
꿈의 공동체를 이루는 것이라고

희구의 눈빛이 나를 뚫어지게 보고 있다
나를 넘어 너를 넘어
영원자 너를 앙망하고 있다

하나님이여 사슴이 시냇물을 찾기에 갈급함 같이 내 영혼이 주를

찾기에 갈급하니이다(시편 42:1)

광야

광야에서
땅을 보면
자살이다
숫자를 세면
절망이다

참으니
왕이 된다

별을 본다
꿈을 꾼다
사랑에 취한다
하늘을 노래한다

영혼의
질긴 근육을
키워

긍휼로
이어지는
담금질이다

인내의 동아줄로
미래를 묶는
작업

소망을
끌어당기는
자석이고
훈련 아닌
실전이다

사랑하는 자를 의지하고 광야에서 올라오는 여자가 누구인고
(아8:6)

하늘의 정원

구름이 걷히는 비경
큰 바위 얼굴들이 베일을 벗는다

막 세수하고 나온 영롱한 얼굴들이
곱기만 하다

세상의 나른한 소음과 구름 속에 잠시 가렸을 뿐
계속 빛을 내고 있었던 것이다

눈에서 비늘이 벗어지듯
사랑을 사랑으로 알아보는
심장의 신경다발이 살아난다

콜로라도의 붉음에 공명이 일어나
생명의 박동은 다시 일고
마음눈이 갑자기 열리다
모든 야생화가 한꺼번에 봄을 터트린다

하늘정원이 내 귓바퀴에 있고
맑고 고운 소리는 내 눈망울을 맴돈다

미래에서 현재로
생수의 강이 흐르고 있다

길 내는 자

하늘길을 내며
콜로라도 블랙 포리스트
대평원에
골고루 숨결 불어넣네

15년 전에 걸었던 길을
또 걸어보는
추억 여행

새 길이라 수상하는
내적 아이를 보고
파이크 피크에 걸린 저녁놀이
웃네

바람결에 사랑을 흘려 보내고
꿈결에 은혜를 수집하는

Way Maker
너의 새 이름이다

황성주 시집
편도 여행

초판 1쇄 인쇄 / 2023년 12월 13일
초판 1쇄 발행 / 2023년 12월 13일

지은이 / 황성주
펴낸이 / 황학주
펴낸곳 / 발견
디자인 / 송남숙
주소 / 서울시 종로구 삼봉로81 두산위브파빌리온 632호
전화 / 02-2278-4211
e-mail / balgyeonbook@naver.com

ⓒ 황성주 2023
ISBN : 978-89-6879-075-1 03810

- 잘못된 책은 구입한 서점에서 바꿔드립니다.
- 책값은 뒤표지에 있습니다.
- 이 책의 판권은 저자와 발견에 있습니다.
- 이 책 내용의 전부 또는 일부를 재사용하려면 반드시 지은이와 발견의 서면 동의를 받아야 합니다.